Le plus
grand
Invasions

De

Les cartels de la drogue
mexicains

Ryan Chavez

TABLE DES MATIÈRES

INTRODUCTION

La menace du cartel de la drogue au Mexique

Les cartels de la drogue ont été l'ennemi le plus puissant du Mexique pendant des décennies, déchirant sa structure sociale, sapant son gouvernement et laissant un sillage sanglant dans leur sillage. Ces groupes criminels, souvent connus sous le nom de « cartels », sont devenus parmi les plus puissants et les mieux

organisations connues au Mexique en raison de leur utilisation de stratégies allant du contrôle coercitif à l'invasion ouverte

du territoire.

Avec l'aide de "Les plus grandes invasions des cartels de la drogue au Mexique", nous voyageons au plus profond de la guerre qui a contribué à créer le Mexique actuel. Ce livre plonge profondément dans le contexte, les tactiques et les effets des cartels de la drogue les plus infâmes qui ont envahi le pays et modifié de façon permanente sa société, son économie et son système de gouvernement.

Nous verrons l'émergence et la disparition de cartels comme les Zetas, Sinaloa, Knights Templar et Jalisco New Generation en examinant les pages qui suivent. Nous plongerons dans

les guerres sanglantes, les luttes de pouvoir audacieuses et les conflits territoriaux qui ont façonné leur passé. Nous verrons les événements qui ont profondément secoué le

Mexique, des rues sanglantes de Ciudad Juárez aux somptueuses demeures de Culiacán.

Cependant, il y a plus dans cette histoire que des conflits et de la violence. Nous examinerons également à quel point le

peuple mexicain est résilient, ce que font les forces de l'ordre et comment le commerce de la drogue est soutenu à l'échelle

internationale.

Nous examinerons la situation socio-économique

effets de l'activité du cartel et les problèmes qui surviennent lorsque les gangs criminels ont une influence majeure dans une communauté.

Le réseau complexe de contrôle, de corruption et de survie qui définit le monde des cartels de la drogue mexicains

sera révélé dans ces pages. Nous parlerons du conflit continu entre les cartels et le gouvernement, ainsi que des

initiatives visant à réduire leur pouvoir.

Le documentaire "Les plus grandes invasions des cartels de la drogue au Mexique" sert finalement de rappel de la complexité de cette question et de la demande d'une connaissance approfondie. C'est un appel à reconnaître la gravitédelasituation,àtirerdesleçonsdupasséetàfaire

des plans pour l'avenir du Mexique qui le rendront plus sûr et plus riche.

Rejoignez-moi alors que nous explorons une période troublante mais fascinante de l'histoire mexicaine qui continue d'influencer le présent et l'avenir du pays.

CHAPITRE 1

Les jeux de pouvoir audacieux du cartel Zetas

Peu de noms dans la longue histoire des cartels de la drogue mexicains évoquent le même niveau de terreur et d'intérêt que les Zetas. Ce chapitre explore les origines du cartel Zetas, ainsi que son développement et les manœuvres de pouvoir audacieuses qui ont contribué à sa réputation dans la pègre mexicaine.

Sources et formation

Un groupe de militaires d'élite s'est avéré être à l'origine du cartel Zetas, ce qui était assez surprenant. Cette équipe spécialisée était composée d'anciens membres des forces spéciales de l'armée mexicaine et a été initialement créée en tant que bras d'exécution du cartel du Golfe. Leurs compétences tactiques, leur discipline

et leur entraînement ont jeté les bases de l'une des organisations criminelles les plus redoutables du

Mexique.

Monter en puissance

Le cartel Zetas a rapidement établi sa suprématie en se renforçant grâce à une succession de mouvements stratégiques et impitoyables. Des niveaux de violence sans précédent ont caractérisé leur stratégie, qui a terrifié à la fois les opposants et les communautés.

Ils ont utilisé des stratégies telles que les décapitations, les exécutions massives et les manœuvres de pouvoir qui ont démontré leur mépris total de l'autorité.

Confrontations avec l'autorité

Les Zetas étaient uniques en ce sens qu'ils étaient prêts à affronter directement les cartels rivaux et le gouvernement

mexicain. Dans leur poursuite de la domination, ils se sont fréquemment engagés dans de violents conflits territoriaux qui se sont propagés sur des territoires entiers. Leurs agressions flagrantes contre les militaires, les forces de l'ordre et les employés du gouvernement avaient pour objectif de saper l'autorité et le contrôle de l'État.

invasion d'autres pays

Le cartel Zetas a élevé l'idée d'une "invasion" à de nouveaux sommets. En empiétant agressivement sur le territoire des cartels concurrents, ils ont pratiquement annexé des régions entières et accru leur pouvoir.

Ils ont pu consolider leur contrôle sur d'importants itinéraires de trafic de drogue grâce à cette tactique.

Effets sur le Mexique

Les mouvements de force audacieux des Zetas ont déclenché une vague d'effusion de sang qui s'est répandue dans tout le Mexique. Les communautés étaient constamment dans un état de terreur car la présence du cartel entravait la vie normale. La nation a été endommagée de façon permanente par leur utilisation de la pression et de l'intimidation, qui a eu d'importantes répercussions sociales, économiques etpolitiques.

CHAPITRE 2

Stratégies de domination et d'expansion
du
Cartel de Sinaloa

Peu d'organisations ont exercé le niveau de domination et d'influence que le cartel de Sinaloa a dansl'histoire

des cartels de la drogue au Mexique, qui a subi des changements constants. Ce chapitre explore le développement du cartel de Sinaloa, ses

plans de croissance et les stratégies qui l'ont aidée à

devenir un acteur majeur dans le monde du crime organisé.

Activités initiales et origines

Les vastes plaines de l'État de Sinaloa, qui ont une longuehistoiredeculturedeladrogue,sontl'endroitoù lecarteldeSinaloaestapparupourlapremièrefois.

SousladirectiondeJoaqun"ElChapo"Guzmán,cequi a commencé comme un réseau lâche detrafiquants

s'est transformé en une organisation soudée. Les

premières activités du cartel étaient centrées sur la contrebande de drogue à travers la frontière entre les États-Unis et le Mexique, en particulier aux États-Unis.

Prémonition d'El Chapo

Le cartel de Sinaloa a mis en œuvre une stratégie qui donnait la priorité à l'intégration horizontale sous la direction d'El Chapo. Le cartel de Sinaloa a tenté de coopérer avec de nombreuses organisations criminelles plutôt que de les exterminer, contrairement à certains autres cartels. Grâce à cette stratégie, ils ont pu construire un important réseau d'associés, qui à son tour a accru la force et l'influence du cartel.

Expansion géographique

Le cartel de Sinaloa avait une approche diversifiée de la croissance. Il s'agissait d'étendre son influence dans tout le Mexique et à l'étranger en plus de conserver le contrôle de sa propre région. Les relations du cartel et l'aide de fonctionnaires corrompus l'ont aidé à pénétrer de nouveaux domaines. Cela leur a donné l'opportunité de reprendre d'importantes routes de trafic de drogue et

de développer une présence dans des zones inexploitées.

Violence sous contrôle

Le cartel de Sinaloa a préféré maintenir un certain contrôle sur son utilisation de la violence, contrairement à certains de ses rivaux les plus violents. El Chapo

était conscient de la nécessité de limiter le carnage pour éviter une attention injustifiée des forces de l'ordre. Le cartel a pu préserver une certaine stabilité dans les zones qu'il contrôlait grâce à cette approche stratégique.

Corruption et infiltration

La capacité du cartel de Sinaloa à pénétrer les organisations d'application de la loi, les institutions

gouvernementales et d'autres secteurs importants était un aspect crucial de son pouvoir. Le cartel s'est assuré que peu interférait avec ses activités en profitant de la corruption. Le contrôle du cartel sur ses avoirs a été encore renforcé par cette invasion.

Implications économiques

L'impact économique du cartel de Sinaloa est allé au-delà du trafic de drogue. Il a participé au blanchiment d'argent et à d'autres opérations illicites tout en contrôlant une part importante du commerce de la drogue au Mexique. Cette énorme richesse fournissait au cartel les moyens d'accroître ses opérations, de maintenir son pouvoir et de s'attirer le dévouement d'un réseau d'alliés.

CHAPITRE 3

Le défi du cartel des Templiers de

Autorité

Le cartel des Templiers est une force singulière et énigmatique dans le monde complexe des gangs de la drogue mexicains. Ce chapitre explore l'ascension des Templiers, leur rébellion contre la classe dirigeante et le style unique d'activité criminelle qui les distingue de leurs contemporains.

Idéologie et émergence

Des cendres du cartel La Familia Michoacana, le cartel

des Templiers est né, se présentant d'abord comme une organisation "d'autodéfense".

En se faisant appeler les Templiers, un ordre chrétien

du Moyen Âge, ils ont acquis un air de chevalerie et de droiture. Cette décision symbolique était soutenue par

une vision du monde tordue qui fusionnait l'intention criminelle avec le zèle religieux.

Exploitation et contrôle du territoire

Les Templiers ont élargi leur champ d'opérations pour intégrer un plus large éventail d'activités illégales, contrairement à d'autres cartels qui se concentraient principalement sur le trafic de drogue. En plus de contrôler les voies d'approvisionnement en drogue, ils contrôlaient également l'extorsion, l'exploitation minière illégale et d'autres activités illégales. Ils ont pu récolter les ressources des zones qu'ils contrôlaient grâce à leur stratégie variée.

Affronter l'autorité

Le gouvernement mexicain ainsi que les cartels concurrents ont été audacieusement contestés par les Templiers. Ils ont utilisé des tactiques dures pour démontrer leur domination, notamment par des meurtres publics et la publication d'avertissements macabres pour leurs rivaux. Ils visaient à devenir plus qu'une simple organisation criminelle en

devenant les dirigeants de facto des zones qu'ils gouvernaient.

Impact sur les communautés

Les efforts des Templiers pour gagner le respect et la loyauté des populations locales se sont imposés comme un trait distinctif de leurs opérations.

se sont commercialisés en tant que gardiens, offrant des services tels que des mises à niveau de sécurité et d'infrastructure que le gouvernement omettait souvent de fournir. Ils ont pu poursuivre leurs activités criminelles tout en conservant une façade de légitimité grâce à cette tactique.

Corruption et infiltration

Les Templiers étaient excellents pour infiltrer les organisations gouvernementales et les forces de l'ordre, tout comme les autres cartels. Ils ont pu échapper à la capture et poursuivre leurs opérations grâce aux connaissances cruciales que cette corruption leur a données. Ils ont également pu exploiter le système à leur profit, ce qui a renforcé leur emprise sur le pouvoir.

Conflit interne et déclin

Les nobles plans du cartel des Templiers ont finalement abouti à des conflits internes et à la discorde.

Au fur et à mesure que des factions concurrentes sont apparues, le niveau de violence a augmenté au sein de l'organisation. La disparition du cartel a été influencée par ce

conflit interne ainsi que par les initiatives gouvernementales visant

àaffaiblir

influence. L'opposition résolue au défi des Templiers à l'autorité a entraîné leur détérioration constante.

CHAPITRE 4

Le cartel de la nouvelle génération de Jalisco
Quick Ascension au pouvoir

Le Jalisco New Generation Cartel (CJNG) est devenu une puissance redoutable dans le monde dynamique des gangs de la drogue mexicains. Ce chapitre explore la montée rapide au pouvoir du CJNG, ses méthodes pour prendre le contrôle et les effets généraux qu'il a eus sur la pègre mexicaine.

Leadership et Fondation

Le cartel de Milenio, qui s'est désintégré à la fin des années 2000, a servi de genèse au CJNG. Le CJNG a été créé par Nemesio Oseguera Cervantes, populairement connu sous le nom de "El Mencho", avec l'intention de devenir une force majeure dans le trafic de drogue au Mexique. La férocité d'El Mencho et le leadership serait crucial pour l'expansion rapide du cartel.

Guerres de territoire et d'expansion

LeCJNGasuiviunpland'expansionagressifdepuissa fondation. Le cartel a rapidement pris le contrôle d'importants itinéraires de trafic de drogue et a commencé à rivaliser avec d'autres organisations pour la domination. Leur volonté de s'engager dans des conflits territoriaux vicieux a montré à quel point ils étaient déterminés à s'emparer d'une part importante du trafic de drogue illégal duMexique.

Opérations très complexes

Le CJNG se démarque par son expertise en logistique, en technologie et en connexions mondiales. Le cartel a utilisé des technologies de communication de pointe et des armes de pointe pour organiser ses activités. Elle a su conserver un avantage concurrentiel grâce à sa flexibilité d'adaptation aux nouvelles formes de communication et de transport.

Problèmes avec les autorités et les rivaux

Des confrontations avec d'autres cartels et le gouvernement mexicain ont caractérisé l'émergence du CJNG. Des autorités de haut rang, des agents des forces de l'ordre et des concurrents ont été ciblés par le cartel, qui a utilisé la violence pour établir son contrôle. Le CJNG s'est fréquemment livré à de violentes altercations avec les autorités, laissant un chemin de dégâts dans leur sillage.

Portée mondiale

Le CJNG a affiché une volonté de s'étendre en dehors des frontières du Mexique, contrairement à de nombreux autres cartels précédents. L'influence du cartel s'est étendue à l'Europe, aux États-Unis et à d'autres régions d'Amérique latine. Leurs liens mondiaux ont permis aux réseaux de distribution de médicaments de traverser les continents.

Influence économique et pouvoir

L'ascension rapide du CJNG leur a donné un poids économique énorme. Ils ont étendu leurs activités criminelles, prenant part à des enlèvements, des extorsions et d'autres crimes illégaux. Ils ont pu influencer responsables gouvernementaux et étendent leur influence grâce à leur poids financier.

CHAPITRE 5

La tristement célèbre bataille de Culiacán

Peu d'incidents dans l'histoire des cartels de la drogue

mexicains ont suscité autant d'intérêt international que la bataille de Culiacán. La confrontation dramatique et

inhabituelle entre les forces de l'ordre et le cartel de Sinaloa

dans la ville de Culiacán est revisitée dans ce chapitre pour discuter de son importance et des répercussions qu'elle a sur la pègre mexicaine.

Contexte et arrière-plan

Les efforts du gouvernement mexicain pour

appréhenderOvidioGuzmanLopez,l'undesJoaqun"ElChapo"

LesfilsdeGuzmán,ontmenédirectementàlabataille deCuliacán,quiaeulieuenoctobrede[année].

L'opération faisait partie d'un effort plus vaste visant à

renverserlecarteldeSinaloa,quirégnaitdepuis

longtemps sur la pègremexicaine.

Confrontation extrême

Ovidio Guzmán a été attaqué par les autorités

gouvernementales et le cartel de Sinaloa a riposté avec une férocité extraordinaire. Une vague de violenceaétédéclenchéeparuneséried'attaques planifiéesetdebarragesroutiersorganiséspardes membresducartelautourdeCuliacán.Lepeupleet le gouvernement ont été surpris par l'ampleur et la férocité de laconfrontation.

Les autorités en crise

L'incident de Culiacan a mis en évidence une grave énigme pour le gouvernement mexicain.

Les autorités ont décidé de libérer Ovidio Guzmán dans un

geste sans précédent pour arrêter plus de carnage après avoir été témoins de la réaction féroce du cartel. Cette action a soulevé des questions sur la capacité du gouvernement à

maintenir l'ordre et à faire respecter la loi face à la résistance des cartels.

Spectacle fort du cartel

La bataille de Culiacán était un spectacle public qui a démontré la puissance audacieuse du cartel de Sinaloa en plus d'être un conflit entre les forces de l'ordre et une organisation criminelle. La capacité du cartel à mobiliser des ressources, à semer le trouble et à obtenir la libération d'un de ses dirigeants démontre sa puissance dans larégion.

Impacts et conséquences

Les conséquences du conflit ont suscité des inquiétudes quant aux tactiques du gouvernement et à sa capacité à lutter avec succès contre le crime organisé. Certaines personnes ont considéré la libération d'Ovidio Guzmán comme un signe de

faiblesse, tandis que d'autres ont pensé qu'il s'agissait d'unastucieux

déplacerpourarrêtertoutevictimefuture.Lacatastrophe

oblige la nation à évaluer la capacité de l'État à faire

face à l'obstination descartels.

La bataille de Culiacán marque un tournant dans l'histoire des cartels de la drogue au Mexique, suscitant

une introspection et des appels à la réforme. L'application de la loi, l'image publique et la politique gouvernementale ont toutes été affectées, ce qui montre les relations de pouvoir complexes entre les cartels et l'État.

CHAPITRE 6

Cartel Jalisco New Generation contre
Sinaloa Cartel Rivalry

La rivalité entre le Cartel Jalisco New Generation (CJNG) et le Cartel de Sinaloa en est venue à caractériser une nouvelle ère de conflit dans l'échiquier en constante évolution qu'est le paysage du cartel de la drogue au Mexique. Ce chapitre examine les manœuvres

stratégiques, les conflits géographiques et les ramifications pour la pègre mexicaine dans la rivalité

croissante des deux principaux cartels.

Émergence du conflit

Il était inévitable que le CJNG entre en contact avec le

cartel de Sinaloa à mesure qu'il gagnait en force au fur et à mesure qu'il prenait de l'importance. Les deux cartels se sont affrontés férocement pour le contrôle des routes lucratives du trafic de drogue, ce qui a ouvert la voie à un conflit marqué par des conflits territoriaux.

L'environnement criminel au Mexique serait changé à

jamais à la suite de cette lutte titanesque.

Jeux de pouvoir et stratégies

Le conflit entre le CJNG et le cartel de Sinaloa s'est intensifié en raison de leurs luttes de pouvoir en cours. Chaque cartel rivalisait pour déjouer l'autre, se disputant le contrôle d'importantes routes utilisées pour le trafic de drogue et élargissant leurs zones d'influence respectives. Ces stratégies entraînaient fréquemment des affrontements sanglants et une augmentation de la cruauté alors qu'ils luttaient pour la domination.

Le conflit de Jalisco

Jalisco, l'État d'origine du CJNG, est devenu le centre de discorde alors que les deux cartels se battaient pour le contrôle de cette région vitale. Une violence sans précédent s'est déchaînée lors des combats qui ont suivi, faisant des ravages dans les communautés voisines et mettant à l'épreuve la capacité du gouvernement à maintenir la paix.

Le pouvoir était recherché sans relâche et les résultats furent désastreux pour la région.

Effet sur l'environnement criminel du Mexique

Au-delà de leur conflit direct, la concurrence entre le CJNG et le cartel de Sinaloa a des effets considérables. D'autres

cartels ont été contraints de

s'adapter à la dynamique changeante alors qu'ils luttaient pourlepouvoir,cequiaprovoquédeschangementsdans   les alliances, les tactiques et le territoire. La répartition du pouvoir entre de nombreuses organisations criminelles a été modifiée par cet effet encascade.

Action gouvernementale etrépression

Le gouvernement mexicain a pris des mesures plus décisives contre les deux cartels en raison de la concurrence croissante. Les initiatives d'application de la loi se sont concentrées sur la destruction de leurs structures organisationnelles, la perturbation de leur flux de travail et la concentration sur leurs réseaux financiers. Cependant, ces efforts ont été entravés par le caractère insaisissable et l'adaptabilité des cartels.

Changer les alliances et les stratégies

Alors que le conflit faisait rage, les deux cartels ont changé de tactique. Le cartel de Sinaloa, d'autre part, visait à reprendre son ancienne domination alors que le CJNG maintenait ses efforts pour se développer à l'étranger.

Afin d'anticiper et de contrecarrer les mouvements de cartels, les autorités répressives ont été tenus sur leurs gardes par le terrain en constante évolution des alliances et des relations de pouvoir.

Le conflit entre le CJNG et le cartel de Sinaloa est la

preuve du dynamisme et de la complexité du système mexicain des cartels de la drogue. Il met en lumière le sens stratégique, la ténacité et la détermination de diverses organisations criminelles alors qu'elles se disputent la domination, modifiant de manière permanente la dynamique du pouvoir dans la pègre mexicaine.

CHAPITRE 7

Répression gouvernementale et augmentation
Violence

L'histoire continue des cartels de la drogue au Mexique montre que les tentatives du gouvernement pour lutter contre le crime organisé ont été à la fois couronnées de succès et difficiles. Ce chapitre explore les nombreuses tactiques utilisées par le gouvernement mexicain pour lutter contre les cartels de la drogue ainsi que l'effusion de sang croissante qui a caractérisé ce conflitprolongé.

Initiatives de militarisation et d'application de la loi

Le gouvernement mexicain a lancé un certain nombre de

mesures militarisées contre l'influence hégémonique des cartels de la drogue afin de l'affaiblir. Afin de décapiter les

dirigeants du cartel, de saisir des actifs et de contrecarrer les opérations, des opérations militaires et policières

conjointes ont été lancées dans un certain nombre d'endroits.

Cesmesures annonçaientune évolution de la lutte contrele crime organisévers des métho des plus énergiques.

Succès et échecs

Leseffortsdugouvernementpourluttercontrelescartelsde ladrogueontdonnédesrésultatsmitigés.Bienquecertaines arrestationsetcondamnationsnotablesaientététésaluées

comme des succès, la nature enracinée du contrôle des cartelss'estsouventsoldéepardeséchecs.Lescartelsont

utilisé leurs ressources abondantes pour maintenir le contrôle

duterritoireetéviterlacapturetoutens'adaptantauxtactiques

 d'application de laloi.

Augmentation de la violence

Alors que les cartels de la drogue réagissaient contre l'ingérencedugouvernementetlesfactionsrivales,laviolence

a augmenté en même temps que la répression des organisations.

Les communautés ont été prises entre deux feux à la suite des batailles de tit-for-tat, qui ont intensifié les décès. La violenceanonseulementreprésentéunobstaclemajeurpour

l'applicationdelaloi,maiselleaégalementeudegraves conséquences sociales etéconomiques.

Les inquiétudes concernant les violations des droits de l'homme et les décès parmi les civils ont augmenté à mesure que le gouvernement intensifiait sa campagne contre les gangs de la drogue. Des inquiétudes concernant les tactiques utilisées par les forces de sécurité ont été soulevées à la suite d'informations faisant état d'assassinats extrajudiciaires, de cas de personnes disparues et d'un recours disproportionné

à la force. Le gouvernement mexicain est maintenant confronté à un problème difficile en essayant de trouver un

équilibreentrelebesoindesécuritéetlerespectdesdroits

fondamentaux

Effets sur les communautés

Les communautés de tout le Mexique ont été dévastées par

l'escalade de la violence et la répression gouvernementale. Lors de conflits de cartels et d'opérations gouvernementales d'application de la loi, des passants innocents se sont souvent retrouvés dans la ligne de mire. Dans de nombreuses zones touchées par le conflit, les déplacements, la peur et les traumatismes sont devenus monnaie courante.

Adapter les stratégies

Le gouvernement mexicain a changé sa tactique au fil du temps en réponse à la complexité de la question du carteldeladrogue.Leseffortssesontconcentréssurla

résolution des problèmes socio-économiques sous-jacents qui ont contribué à l'influence et au recrutement

des cartels. Cette stratégie plus globale vise à donner aux groupes défavorisés des alternatives alternatives et à diminuer l'attrait des comportements criminels.

La complexité de ce conflit aux multiples facettes est illustrée par la lutte continue du gouvernement contre les cartels de la drogue. Bien que la trajectoire du conflit

ait été déterminée par des victoires et des revers, les effets sur les communautés et le bien-être du pays

continuent d'occuper le devant de la scène. Nous en apprenons davantage sur l'interaction complexe du pouvoir, de la brutalité et de la poursuite de la justice dans la lutte du Mexique contre le crime organisé à mesure que nous traversons cette période historique.

CHAPITRE 8

Liensinternationauxetroutesducommercedeladrogue

Laportéemondialedesopérationsdescartelsdeladrogue

et les routes commerciales compliquées qu'ils construisent sont des facteurs cruciaux dans l'univers interconnecté de

ces organisations. Ce chapitre explore le vaste réseau de canaux de trafic de drogue qui traverse les continents et les liens mondiaux que les cartels mexicains de la drogue entretiennent.

Portée mondiale des cartels mexicains

Les cartels mexicains de la drogue ont des liens qui s'étendent bien au-delà des frontières mexicaines, transcendant les frontières nationales. Ces organisations ont forgé desalliancesavecdesorganisationscriminellesopérantdans uncertainnombredepays,leurdonnantaccèsàdenouveaux marchés,lacapacitéd'obtenirdesprécurseurschimiqueset

la capacité de construire des systèmes de distribution.

Coentreprises et alliances

Desgroupescriminelsd'autrespays,ycomprisceuxdesÉtats-
Unis,delaColombieetdespaysd'Amériquecentrale,ont

nouédespartenariatsavecdescartelscommeleCJNGetle cartel
deSinaloa.

Grâceàcespartenariats,lescartelssontenmesuredeprofiter
desconnaissancesetdesactifsdeleursalliés,cequifacilite

le trafic de drogue et d'autres produits illégaux.

Itinéraires de transport

LeMexiquesertdeplaquetournantedetransbordementpour le
trafic de drogue en raison de sa position géographique
avantageuse. Cet avantage a été saisi par les cartels, qui
transportentdésormaisdesstupéfiantsillégauxenutilisantun
vasteréseauderoutesterrestres,maritimesetaériennes.Les
drogues en provenance d'Amérique du Sud passent
fréquemment par l'Amérique centrale sur leurchemin

au Mexique, où ils sont ensuite expédiés aux États-Unis
et dans d'autres pays.

Infiltration et corruption

La corruption et l'infiltration aident fréquemment les cartels
mexicains à étendre leur influence mondiale. Les cartels
ont trouvé des moyens d'aller au-delà des procédures
d'identification et d'exécution, notamment en achetant la
loyauté des employés du gouvernement et en payant les
forces de l'ordre.

Leur contrôle sur les routes empruntées par le trafic de drogue est encore renforcé par ce réseau sans scrupules.

Réseaux financiers et blanchiment d'argent

Les revenus du trafic de drogue sont souvent cachés par les systèmes financiers complexes du monde.

Les cartels investissent dans des entreprises, des propriétés et d'autres actifs légitimes, ce qui rend difficile la recherche et la collecte de leurs richesses acquises illégalement. La durabilité et la résilience des opérations des cartels sont favorisées par ces réseaux financiers.

Effet global

Les effets des liens mondiaux des cartels mexicains de la drogue sont considérables. La toxicomanie, la toxicomanie et la violence sont toutes des conséquences de l'afflux de

stupéfiants sur les marchés internationaux. De plus, les énormes revenus tirés de ces opérations sont utilisés pour

financer des activités criminelles supplémentaires, ce qui

exacerbe les problèmes sociaux et de sécurité dans de nombreux pays.

Nous en apprenons davantage sur la propension des cartels à s'adapter, à coopérer et à trouver des faiblesses à l'échelle mondiale en approfondissant le réseau complexe des relations internationales et des canaux de transport de la drogue. Afin de lutter efficacement contre la menace multiforme posée par les cartels mexicains de la drogue, la coopération internationale est nécessaire, comme le souligne ce chapitre.

CHAPITRE 9

Effets socio-économiques de l'activité du cartel

Au-delà des gros titres de conflits et d'effusions de sang, les actions des gangs de la drogue mexicains ont eu des répercussions macroéconomiques importantes. Ce chapitre explore les effets considérables que l'activité des cartels a sur les quartiers mexicains, l'économie et le tissu social

Fragiliser les institutions et la gouvernance

L'influence des cartels sape fréquemment les fondements de la loi et de l'ordre. Les autorités corrompues qui sont sous l'emprise des cartels ne respectent pas la loi, ne fournissent pas les services de base ou ne maintiennent pas la sécurité. Les communautés deviennent plus sensibles au contrôle des cartels en raison de cette perte de confiance institutionnelle, qui conduit également à un sentiment d'anarchie.

Dépendance et perturbation économiques

Les économies locales sont affectées par l'activité des cartels de différentes manières. Les entreprises sont effrayées par l'extorsionetlaviolence,quientraventleprogrèséconomique. Certaines communautés deviennent dépendantes de l'activité des cartels, se tournant vers le commerce de la drogue pour le travail et les revenus lorsqu'il n'y a pas beaucoup de possibilitéslégitimes.

Migration forcée et déplacée

À mesure que la violence des cartels s'aggrave, un grand nombre de personnes et de familles sont contraintes de

quitter leur foyer et deviennent soit déplacées à l'intérieur

 du pays, soit rechercher la sécurité à l'étranger.

Ce déracinement alimente un cycle instable et exacerbe

les problèmes

rencontrés par les communautés prises entre les feux

croisés du cartel

guerres.

Cohésion communautaire et tissu social

Le tissu social des communautés peut se détériorer lorsque

des cartels sont présents. Les liens sociaux peuvent être endommagés et les normes établies peuvent être

bouleversées par la peur, la méfiance et la normalisationde la

 violence.

Sur la santé mentale, les structures familiales et la dynamique sociale, cela a un effet durable.

Effets sur le recrutement et la jeunesse

Les jeunes faibles sont souvent exploités par des cartels,

qui leur procurent un sentiment d'orientation, de communauté et de stabilité.

Les jeunes peuvent devenir dangereusement attirés par la promesse d'argent et de statut rapidement, ce qui alimente le cycle de la violence et du recrutement par les cartels.

Stratégies d'atténuation

Les effets socio-économiques de l'activité des cartels doivent être traités au moyen d'une stratégie à multiples facettes. Afin de restaurer la confiance et la résilience, cela implique de lutter contre la pauvreté et le manque d'opportunités, d'investir dans l'éducation et la formation

professionnelle et d'encourager la participation communautaire.

Préoccupations pour les droits de l'homme

Les difficultés socioéconomiques que connaissent les

communautés touchées sont aggravées par les violations des droits humains qui vont souvent de pair avec les activités des cartels, notamment le recrutement forcé, les enlèvements et l'extorsion.

La protection des droits de l'homme doit être une priorité absolue dans une réponse complète, en tenant compte des implications plus larges.

Notre examen des effets complexes de l'activité des cartels sur la société et l'économie mexicaines montre à l'évidence qu'il ne suffit pas d'appliquer la loi pour lutter contre ce problème. Construire un avenir plus sûr et plus prospère pour le Mexique nécessite une stratégie globale qui s'attaque aux causessous-jacentesdeladominationducarteletaideles communautéstouchées.

CHAPITRE 10

Efforts et plans pour arrêter l'invasion des cartels de la drogue

Les forces de l'ordre, les entités gouvernementales et la société civile ont continuellement essayé de contrecarrer lesincursionsetl'influencedecesorganisationscriminelles.

Cechapitreexplorelesdifférentesinitiativesetplansmis en place pour lutter contre les cartels et protéger les communautésmexicaines.

Consolidation de l'application de la loi

Pour mieux lutter contre les cartels, les organisations répressives ont subi des modifications substantielles. L'objectifdesunitésspécialisées,desméthodesdepartage derenseignementsetdesprogrammesdeformationest

de fournir aux flics les connaissances et les outils nécessairespourlutterefficacementcontrelecrime organisé.

Retraits d'opérations et de dirigeants ciblés

Une tactique importante a consisté en des opérations ciblées visant à arrêter ou à renvoyer les chefs de cartel. Des arrestations et des condamnations très médiatisées déstabilisent la direction et les structures opérationnelles des cartels. Cependant, en raison de la capacité d'adaptationdecesorganisations,ilfautsouventdutemps   et des efforts pour réduire leurinfluence.

Engagementetautonomisationdes Communauté

Il est essentiel de donner aux communautés locales les moyensderepousserlecontrôledescartels.Lesprogrammes quifavorisentlacohésionsociale,lespatrouillescitoyenneset

lesinitiativesdepolicecommunautairecontribuenttousà empêcherl'infiltrationdescartels dans les quartiers.

Lescommunautéspluspuissantesontmieuxàmêmede signaler les activités suspectes et de rejeter les activités illégales.

Initiatives anti-corruption

Il est crucial de lutter contre la corruption au sein du gouvernementetdesorganismeschargésdel'applicationde

la loi. Le rétablissement de la confiance entre les communautés

et les personnes chargées de faire respecter la loi et l'ordre

est rendu possible par des groupes de travail anti-corruption,

descampagnesdetransparenceetdessystèmespourtenir les autoritésresponsables.

Alternatives pour les populations vulnérables

Une méthode proactive de prévention du recrutement par les cartels consiste à offrir aux populations vulnérables, notamment les jeunes, des possibilités alternatives.

Les programmes d'éducation, de développement de carrière et de création d'emplois détournent les gens de l'activité criminelle et offrent une voie vers un emploi réussi.

Coopération entre nations

La coopération internationale est cruciale car les cartels sont de nature transnationale. La réponse coordonnée au crime organisé

est renforcée par le partage de renseignements, les opérations de coopération et les extraditions. Les actions de coopération détruisent les réseaux financiers et sapent les routes du commerce de la drogue.

La sécurité et les droits de l'homme doivent être équilibrés.

Il est crucial de trouver un juste équilibre entre la protection de la sécurité et le respect des droits de l'homme.

La protection des citoyens et le respect de la loi doivent être

prioritaires dans la lutte contre les cartels. Trouver cet équilibre garantit que la guerre contre les cartels est juste et réussie

Nousdécouvronslacomplexitédececonflitencoursen examinant les diverses tactiques utiliséespour

contrecarrerlesincursionsdescartelsdeladrogue.Les effortscombinésdenombreusespartiesprenantessont

cruciaux pour modifier la trajectoire du Mexique et construire un pays plus sûr et plus résilient, des activités d'applicationdelaloià l'autonomisationdescommunautés.

CONCLUSION

Les plats à emporter et les orientations futures

Une tapisserie de récits complexes se développe alors que nous tirons à sa fin notre examen des plus grandes incursions par les gangs de la drogue du Mexique. Les récits de querelles politiques, d'effusions de sang et d'effets sociétaux ont créé une tapisserie qui montre à la fois la ténacité du peuple mexicain et les difficultés posées par le crimeorganisé.

Nous avons vu les mouvements de puissance audacieux de cartels comme les Zetas, la suprématie stratégique du cartel de Sinaloa, l'idéologie perverse des Templiers et la montée rapide du CJNG tout au long de ces pages. Ces cartels, chacun avec leurs propres traits uniques, ont influencé l'histoire du Mexique en laissant leurs empreintes sur ses sociétés, ses économies et ses systèmes de gouvernement.

Le fragile équilibre entre l'autorité gouvernementale et l'opposition du cartel a été démontré lors de la bataille de Culiacan.

Alors que les autorités luttent contre la dynamique complexe de l'influence des cartels, nous avons assisté à l'évolution des mesures gouvernementales, de la participation militaire à la participation communautaire. La nécessité d'une

coopération internationale a été mise

 en lumière par les effortsdé

confronter la portée mondiale des cartels et les

effets

qu'ils ont sur les communautés.

Nous avons vu des aperçus de la force des villes mexicaines, de la résilience des gens et de la détermination de ceux qui combattent le pouvoir des cartels au milieu

des histoires de violence et de destruction.Les

communautéssesontunjersetdapresnotionde

d'autonomisation, d'éducation et d'autres options d'emploi

s'est avérée prometteuse pour mettre fin au cycle de recrutement des cartels.

Alors que nous tirons à la conclusion, cela nous rappelle

la nature continue de la guerre contre les cartels de la drogue. Les leçons historiques mettent en évidence la valeur d'une stratégie globale qui couvre non seulement l'application de la loi, mais également les éléments socio-économiques qui ont un impact sur l'influence du cartel. Il est encore difficile de trouver un équilibre entre la sécurité et les droits de l'homme, mais cela est essentiel pour créer un Mexique juste etstable.

Une collaboration continue entre les forces de l'ordre, les entités gouvernementales, la société civile et les partenaires internationaux est nécessaire pour l'avenir. Un avenir meilleur est possible si tout le monde travaille ensemble pour détruire les réseaux financiers,

obstruer les routes du commerce de la drogue et offrir

aux

communautés vulnérables des alternatives durables.

En fin de compte, l'histoire des cartels de la drogue au Mexique est un monument à la force d'âme d'une nation et de son peuple

plutôt qu'un simple récit d'invasion et d'effusion de sang. Le Mexique peut créer les conditions d'un avenir plus sûr et plus

prospère en reconnaissant le passé, en en tirant des leçons et en décidant de vivre dans le présent sans l'influence du crime organisé.

Note de l'auteur

Je suis touché par l'opportunité de partager ces histoires avec vous alors que j'arrive à la conclusion de ce voyage à travers l'histoire des cartels de la drogue au Mexique. Mon intention en écrivant ce livre était de faire la lumière sur la nature complexeet

variéedesproblèmesqueposentles

cartelsdeladroguemexicai

J'ai été impressionné par la ténacité et la détermination persistante du peuple mexicain à vaincre l'ombre du crime organisé tout au long du processus. La résilience et la force de l'esprit humain sont démontrées par les récits de villes regroupées, de services de police changeant de tactique et de personnes travaillant pour un avenir meilleur.

J'espère que vous avez également remarqué la lueur d'optimisme et la possibilité de changement malgré la tristesse des histoires d'effusion de sang et de conflits de pouvoir. Je crois vraiment qu'en saisissant les

complexités du passé, nous pouvons ouvrir la voie à un avenir plus sûr et plus sûr pour le Mexique.

Je tiens à exprimer ma gratitude à ceux qui ont apporté leurs réflexions, aux historiens qui ont méticuleusement enregistré ces incidents et aux nombreuses personnes qui luttent contre l'emprise des cartels de la drogue.

Les bases de ce livre ont été posées par leurs expériences et leurs initiatives.

Je vous invite à considérer les leçons tirées du passé du Mexique alors que nous tournons la dernière page et à imaginer un monde sans cartels déterminant l'avenir du pays. Puisse cette enquête stimuler le débat, le mouvement et un dévouement commun à la création d'un avenir meilleur pour le Mexique et sonpeuple.

J'apprécie que tu sois venu sur le trajet.

REMARQUES

REMARQUES

REMARQUES